L'INDISPENSABLE

OU

GUIDE DE L'ÉTRANGER

A AIX-LES-BAINS.

Prix : 30 *cent.*

AIX-LES-BAINS

BACHET, IMPRIMEUR-ÉDITEUR.

1862

Aïx-les-Bains (*Aquæ Gratianæ*) est situé
à 266 mètres au-dessus du niveau de la
mer et à 32 mètres au-dessus du lac du
Bourget.

Nous empruntons à une récente publi-
cation (1) les lignes suivantes sur cette
ville et ses environs :

« Ah ! le charmant pays ! la belle oasis
de verdure au milieu d'une ceinture de
rochers gigantesques, semés de quelques
sapins rabougris et de maigres touffes
d'herbes qui croissent dans leurs fissures !
Rien ne peut rendre la mignone beauté
de ce paysage dont les aspects variés chan-
gent à chaque pas. D'un côté, le joli lac

(1) Le Solitaire d'Aix-les-Bains.

du Bourget, posé là comme un miroir destiné à refléter les innombrables beautés de son cadre. A gauche, les monts du Chat, dressant à pic leur muraille grise et sombre, tachée çà et là de bouquets verts, profilant dans un ciel pur leurs sommets dentelés et baignant dans les eaux limpides et tièdes du lac leur pied couvert de villas, de jardins, de prairies. A droite, en face, la verte colline de Tresserve, colline de sable et de mollasse, couverte d'une riche végétation et d'habitations de plaisance. Partout des bouquets d'arbres, des lignes de peupliers, des jardins aux fleurs odorantes et, au milieu de ce nid frais et verdoyant, adossée contre une colline de verdure et de fleurs qui la sépare de la montagne des Bauges, la jolie petite ville dont les eaux salutaires procurent chaque année à des milliers d'êtres souffrants des soulagements inespérés, des guérisons merveilleuses!—Montagnes, plaines, lacs, grottes, rivières, forêts, cascades, le pittoresque et le gracieux, Aix-la-Belle offre tout cela à l'admiration des étrangers; c'est une miniature des beautés naturelles disséminées dans le monde entier, c'est un véritable paradis terrestre. »

NOTICE MÉDICALE

SUR LES EAUX D'AIX.

Il y a à Aix cinq sources d'eau minérale.

Les deux principales sont celle dite de *Soufre* et celle dite d'*Alun,* qui sont employées à l'Établissement thermal en bains, en douches, en vapeurs et en boisson.

Ces deux sources ont une composition chimique à peu près identique : elles sont sulfureuses, alcalines, iodurées et bromurées. Leur température est de 46 à 47 degrés centigrades. Elles fournissent l'énorme volume de près de sept millions de litres par 24 heures.

Une source sulfureuse, alcaline, iodurée et bromurée existe aussi à Marlioz, à 1200 mètres des deux précédentes. Elle est froide (14 degrés centigrades), et sert à la boisson ou à des inhalations de gaz acide sulfhydrique.

Les deux autres sont à deux kilomètres de la ville, au hameau de St-Simon. L'une est alcaline magnésienne, l'autre est ferrugineuse crénatée. Elle ne sont utilisées qu'en boisson.

Maladies dans lesquelles les eaux d'Aix sont utiles.

1° *Maladies internes :* laryngites, bronchites, asthmes, phthisie pulmonaire et phthisie laryngée au premier et au second degré, catarrhes en général, dyspepsies, gastrite, et gastro-entérites chroniques, obstruction du foie ou de la rate, hémiplégies ou paralysies, suite d'une apoplexie cérébrale, certaines névroses; en un mot, toutes les affections chroniques des organes de la respiration, de la digestion et de l'innervation.

2° *Maladies externes ou chirurgicales :* Maladies des articulations, cicatrices douloureuses, tumeurs et engorgements atoniques, maladies chroniques des os, maladies de la peau, catarrhes de la vessie, de l'urètre, de l'utérus et du vagin, des oreilles, des yeux, du nez (ozène ou punaisie).

3° *Maladies générales :* Rhumatismes, paralysies rhumatismales, goutte, syphilis, chlorose, anémie, scrofules, scorbut, certaines dermatoses, cachexie paludéenne, convalescences, épuisement, stérilité, enfin tous les cas dans lesquels l'économie a besoin d'être *remontée.*

Maladies dans lesquelles les eaux d'Aix sont inutiles ou dangereuses.

Toutes les maladies accompagnées de fièvre aiguë : la phthisie au dernier degré, les anévrismes, toutes les maladies du cœur et des gros vaisseaux, l'hydropisie, le cancer, la goutte lorsqu'elle n'est pas liée à un tempérament très-lymphatique.

ÉTABLISSEMENT THERMAL.

Formalités à remplir pour être admis à prendre les eaux.

1° Toute personne voulant faire usage des douches et bains devra inscrire son nom et son domicile au bureau de l'administration. Il lui sera délivré une carte avec numéro d'ordre, qui devra être conservée et représentée à toute réquisition des employés de l'Établissement.

2° Les baigneurs présenteront ou feront présenter au Directeur leur carte et Ils auront droit de choisir sur le registre d'inscription l'heure qu'ils préfèrent pour prendre les douches et bains, entre celles restant disponibles.

3° Ces inscriptions seront reçues de dix heures du matin à midi et de deux heures à cinq heures du soir.

4° La durée de la douche ne pourra excéder vingt minutes. Les malades voulant faire usage des eaux un temps plus long, devront payer deux billets. Ils ne pourront d'ailleurs être admis avant neuf heures.

5° L'heure est réglée sur l'horloge de l'Établissement. Les huissiers feront évacuer les cabinets et feront l'appel des baigneurs d'après l'ordre de l'inscription, dont un double reste affiché dans chaque division.

6° Le malade devra arriver cinq minutes avant l'heure qui lui est attribuée. S'il ne répond pas à l'appel, l'huissier attendra cinq minutes et introduira la personne inscrite sous le numéro suivant. Le malade n'ayant pas répondu à l'appel perdra son tour d'inscription et devra attendre un cabinet vacant ou la fin du service.

7° Le service des douches est divisé en deux séries. La première commence à quatre heures du matin et finit à dix heures ; la deuxième commence à deux heures et finit à cinq heures du soir.

8° Le service des bains et piscines commence à quatre heures du matin et finit à onze heures ; il recommence à une heure après midi, jusqu'à une heure avant la clôture de l'Etablissement.

TARIF.

1re DIVISION.

Princes.

Douche :
- avec doucheurs,   2 »
- avec port simple,   2 50
- avec port double,   3 »

2me DIVISION.

Albertins, Centre et Enfer.

Douche :
- avec doucheurs,   1 50
- avec port simple,   2 »
- avec port double,   2 25

3me DIVISION.

Vapeur Berthollet et Douches locales dans cette Division.

Douche :
- sans port,   1 50
- avec port simple,   2 »
- avec port double,   2 50

4me DIVISION.

Douches locales.

Douche sans doucheurs ni porteurs   » 75
- avec port simple,   1 50
- avec port double,   2 »

5me DIVISION.

Salle d'inhalation.

Salle d'inhalation, non compris le port, par séance,   1 »

6me DIVISION.

Ascendantes.

Douche ascendante, non compris les appareils,   » 50

7me DIVISION.

Bains tempérés et Piscines.

Bains et piscines sans port,   1 25

Les appareils pour bains et les ports ne sont pas compris dans le prix des bains et se paient   » 50

8me DIVISION.

Service d'exemption d'une partie des Droits.

Douche locale,   » 45

Bain et piscine,   » 75

Douche générale de toute espèce.   » 85

9·ne Division,	10me Division.
Bons pour Ports et Suppléments	**Visite des Grottes.**
Bon pour port, » 50	Billet pour la visite
— pour supplément, » 25	des Grottes, » 50

Dans les piscines, une leçon de natation se paye 50 centimes en sus du prix du bain.

L'administration ne reprend point les billets non utilisés.

Télégraphe.

Bureau, rue du Casino.

Poste.

Bureau, rue Berthollet, près l'Établissement thermal.

Bureau de Police et des Passeports.

Place Centrale, Hôtel-de-Ville.

CASINO.

Le Casino, construit depuis peu d'années, est un édifice qui répond en tous points à sa destination.

Nous empruntons les lignes suivantes que M. H. Audiffred a écrites sur cet établissement :

« Il est le soir, dit-il, après dîner, un moment délicieux, lorsque mollement assis au milieu des femmes et des fleurs, savourant sur la terrasse du Casino les bouffées du régalia et les flots d'une douce harmonie, vous vous enivrez de l'admirable coup-d'œil que Tresserve, la crête du Mont-du-Chat et la vallée de Chambéry viennent varier à l'infini. Le soleil, embrasant de ses derniers rayons les flancs et les sommets des montagnes rougissantes sous ses ardents baisers, inonde leurs prismes de ses flammes capricieuses, dont les tons passent successivement du jaune d'or au pourpre, au violet, puis au gris terne de la nuit. Qui pourrait dépeindre la sublime magnificence de ces effets de lumière, si rapides, si inattendus, qui viennent couronner l'espace d'un instant ces falaises anté-diluviennes? Toute la magie de la plume de Châteaubriand ou du pinceau de Gudin n'y suffirait pas. »

Paragraphe 4 du Règlement relatif aux Actionnaires et aux Abonnés.

ARTICLE 1er. — L'ouverture du Cercle ou du Casino aura lieu le 1er mai de chaque année ; il ne sera jamais fermé avant le 1er octobre.

ART. 2 — Les actionnaires et abonnés seuls sont admis dans les salons et autres dépendances de l'établissement. L'abonnement se fait sur la présentation d'un actionnaire ou d'un ancien abonné ; il n'y a d'exception qu'en faveur des personnes invitées, qui devront, en entrant, présenter leur lettre d'invitation.

ART. 3. — Un commissaire est chargé de la surveillance générale. MM. les abonnés sont priés de déférer à ses observations et de s'adresser à lui en cas de réclamations. Il y aura à la porte un registre où chaque Abonné pourra écrire les observations qu'il lui conviendrait de faire, en les signant.

ART. 4, — En cas d'excès graves de la part d'un abonné dans l'intérieur du Cercle, sa carte d'entrée lui sera retirée, et il cessera à l'instant d'en faire partie.

ART 5. — Les salons seront ouverts tous les jours, de huit heures du matin à minuit, excepté les jours de bal, dout la clôture aura lieu à une heure du matin,

ART. 6.— Le grand salon n'appartient aux abonnés que les jours de bal, c'est-à-dire le jeudi et le dimanche : l'administration a le droit d'en disposer les autres jours, ainsi que du petit salon, un soir par semaine.

ART. 7. — Les jours de bal, les hommes ne seront admis qu'en habit.

ART. 8. — Il est expressément interdit de sortir les journaux du cabinet de lecture.

ART. 9. — Les personnes non abonnées qui désireraient assister à un bal ou passer une soirée au Cercle, pourront prendre à la porte un billet d'entrée. Ce billet n'est jamais valable que pour un jour, et ne changera rien au droit de présentation établi à l'article 2.

Prix d'abonnement pour la saison.

Chaque personne .... 20 fr·
Une famille de trois personnes.............. 50 fr·
Une famille de plus de trois personnes....... 60 fr·

Billets d'entrée valables pour un jour seulement.

Pour chaque personne..................... 3 fr.

13

Médecins.

MM. Vidal, inspecteur de l'Établissement thermal, place des Bains.

Despine (baron), ancien inspecteur, inspecteur honoraire, chevalier des ordres de la Légion-d'Honneur et des SS. Maurice et Lazare, place Centrale.

Davat, premier inspecteur-adjoint, rue des Bains.

Bertier, deuxième inspecteur-adjoint, rue de l'Eglise.

Berthet, rue de Chambéry, hôtel Notre-Dame.

Blanc, rue de Genève.

Dardel, rue des Bains.

Forestier, place Centrale.

Gaillard, id.

Guilland, rue des Ecoles.

Veyrat, chevalier de la Légion-d'Honneur et du Mérite militaire de Pologne, ancien château du marquis d'Aix.

Pharmaciens.

MM. Bocquin, pharmacien de l'Empereur, place Centrale et rue des Bains.

Pichon, pharmacien de l'Etablissement
thermal, place des Bains.
Thevenon, rue du Casino.
Bocquin neveu, rue de Chambéry.

MAGASINS.

*Abonnement de lecture, librairie et pape-
terie.*

Gaspard Bolliet, rue de Chambéry.

Articles de fantaisie.

Ronzière, rue des Bains; Durand, id.

Dépôt des gaz de Chambéry.

Domenget, place Centrale.

Escompte et recouvrement.

Ginet et Jacquier, correspondants de la
Banque de Savoie.

Leçons de musique.

Molinassi, chef de musique de la ville,
rue de Chambéry.

Tir à la carabine et au pistolet.

Maisonny et Colombert, rue de Genève.

15

HOTELS.

1er Hôtel Guilland, ou hôtel de la Poste, place Centrale.
Hôtel impérial, rue du Casino.
Hôtel du Globe, id.
3me Hôtel Guilland, id.
Hôtel de l'Univers, id.
Hôtel des Ambassadeurs, id.
Hôtel Jeandet, rue du Casino et rue e Chambéry.
Hôtel de la Couronne, rue de Chambéry.
Hôtel des Princes, id.
Hotel de l'Europe, place des Bains.
Hôtel Français, rue des Bains.
Hôtel d'Italie, rue des Écoles.
Hôtel Venat, rue de Genève.
Hôtel Durand, id.
Hôtel de l'Écu de Genève, id.
Hôtel du Soleil d'Or, id.
Hôtel Gaillard, id.

PENSIONS.

Pension Dussuel, place des Bains romains.
Pension Perrier-Chabert, id.
Pension de l'Arc-Romain.
Pension Verchère, place Campanus.

Pension de l'ancien Cercle.
Pension Bocquin Michel, rue de Chambéry.
Pension Perroux, id,
Pension Vial, id.
Pension Pichoud (veuve), id.
Pension Suchet, id.
Pension Simonet-Buisson, id.
Pension de Lyon, rue du Casino.
Pension Bocquin Joseph, rue des Écoles.
Pension Bossut, id.
Pension Maniglier, id.
Pension Mollingal, id.
Pension Triquet, id.
Pension Brunod, id.
Pension Bouton, rue de l'Eglise.
Pension Julie Perret, place Centrale.
Pension Cartelin, id.
Pension Burdet, rue de Mouxy.
Pension Padey, id.
Pension de la Grotte, rue de Pugny.

LOCEURS.

Degallion père, place des Bains.
Grobert, id.
Pichon, pharmacien, id.
Guichard (veuve), id.

Duvernay (D^{lle}), rue du Bain Henri IV.
Mermoz, id.
Rebaudet, notaire, rue des Bains.
Vidal, docteur, id.
Rivollier, id.
Monnet, id.
Simon, id.
Dardel, docteur, id.
Piquet, id.
Verchère, rue du Temple de Diane.
Vidal mère, rue des Écoles.
Jean Blondin, id.
Bovagnet, id.
Guilland, docteur, id.
Jarrier, id.
Gaime, id.
Rabut, id.
Bertier, docteur, rue de l'Église.
Monard, id.
Héritier, rue de Mouxy.
Rouph de Varicourt (D^{lle}), id.
Degallion, notaire, id.
Duvernay frères, place Centrale.
Bocquin, pharmacien, id.
Chaboud, id.
Bolliet (café), id.
Dardel (café), id.
Vidal, négociant, id.

Rivollier, place Centrale.
Domenget Prosper, id.
Domenget Claudius, id.
Forestier, docteur, id.
Duvernay (veuve), id.
Gaillard, docteur, id.
Perret Jeannette, rue du Casino.
Ginet, négociant, id.

TARIF

DES CROCHETEURS, DES VOITURES, DES ANES ET DES BATEAUX.

Le transport d'une malle de la gare en ville est de 60 centimes; celui d'une valise de 30 centimes, pourvu qu'il n'excède pas le poids de 25 kilogrammes; et il est de 20 centimes en sus pour chaque kilogramme excédant.

Voitures à un cheval.

La course de la durée de 30 minutes 2 fr.
L'heure (la première)............ 3
     (les suivantes)........... 2
La journée...................,.....15
La demi-journée............... 9

Voitures à deux chevaux.

La course de la durée de 30 minutes 3 fr.
L'heure (la première). 4
        (Les suivantes). 3
La journée. 20
La demi-journée. 12

Art. 17. — Après minuit, les prix fixés ci-dessus pour la course ou pour l'heure, sont augmentés de moitié.

Art. 18. — Pour les excursions hors de la commune d'Aix-les-Bains, il sera tenu compte au cocher, qui marche à l'heure, d'un repos d'une heure, toutes les fois que la distance parcourue, à partir du point de départ à celui d'arrivée, atteint 10 kilomètres. Le prix de ce temps de repos devra être payé par le voyageur, conformément aux prix déterminés par le tarif.

Art. 19. — La journée est fixée à 12 heures, y compris 4 heures de repos; la demi-journée à 6 heures, y compris 2 heures de repos. Si le temps de la demi-journée est dépassé et n'atteint pas 9 heures, auquel cas la journée entière serait due, chaque heure supplémentaire sera payée aux prix déterminés par le tarif précédent.

(Extrait du Règlement).

Anes.

Courses au Grand-Port, à Cornin, Choudy,
Maison-du-Diable, Marlioz, St-Simon, Tour
Eustache et toute autre course dans l'inté-
rieur de la commune, pour chacune **1** »

Courses à la Cascade de Grésy, la
tour de Grésy, Mouxy, Tresserve,
St-Innocent, le Vivier............ **1 50**

Tout séjour excédant demi-heure
sera payé à raison de **75** cent. la
première heure, **50** cent. la seconde
et **25** cent. les suivantes, sans que le
prix de la demi-journée puisse dépasser........................... **3** »
et celui de la journée entière...... **6** »

Bateaux à 2 bateliers comprenant
6 places.

De Cornin, Puer et autres à Hautecombe
et au Bourget............. **8** fr.
«   à Châtillon ou à Savière **12**
«   à Bourdeau **4**   **50**
«   à Brison.............. **8**
«   à Bonport............ **4**   **50**

*Bateaux à 3 bateliers comprenant
8 places.*

De Cornin, Puer et autres à Hautecombe
et au Bourget................. 10 fr.
  «   à Châtillon ou à Savière... 16
  «   à Bourdeau............... 6
  «   à Brison................. 10
  «   à Bonport................ 6

Art. 12. — Il est expressément défendu
de dépasser le nombre des places déter-
miné pour chaque bateau.

Art. 13. Il est accordé aux promeneurs
un séjour de 1 heure dans les localités ci-
dessus sans augmentation de prix, et tout
séjour excédant la première heure sera
payé à raison de 1 franc l'heure ou de 50
centimes par chaque demi-heure.

(Ext. du Règ.)

BUT DE PROMENADES,

*Lieux ombragés à quelques minutes de la
ville.*

Vallon du ruisseau de Mouxy. — Trajet,
40 minutes.

Bois de Gachet ou Vidal.
Bois Forestier.
Maison du Diable. Bellevue.
Le Châlet.
Promenade du Gigot.

Promenades aux environs de la ville.

L'Avenue-Marie.
Le Châlet-du-Diable à dix minutes de la
ville; charmant point de vue.
Terrasse Mollard.
Boncelin, campagne de M. François,
route de Pugny. — Trajet, demi-heure.
Chemin de Cornin ou du petit Port.
St-Simon, Choudy, sous le bois.
Avenue du Lac.
Bois Lamartine.
La Roche du Roi.
Le village de Tresserve; retour par la
route de Chambéry. — Trajet, une heure.
Tour de Grésy. — Trajet, 1 heure 1/2.
Mouxy, par Chevaline.—Trajet, 1 h. 25.
Tour Eustache par Chantemerle. Saint-
Simon. — Trajet, 1 h. 30.
Cascade de Grésy. — Trajet, une heure
et demie.
Tour de Grésy. — Trajet, 1 h. 1/2.
St-Innocent. — Trajet, 1 h. 1/2.

Château de Bonport. Trajet, 2 h.

Château de St-Innocent par Corsuet. — Trajet, deux heures.

Clarafond (La Cure), ancien presbytère. Point de vue remarquable.

Excursions.

Gorges de St-Saturnin par Méry et Montagny.—Trajet, 4 heures.

Château de la Serraz.—Trajet, 4 h. 1/2.

Dent du Chat, ascension.—Trajet, 7 h..

St-Germain par le château de Longefan. La tour de Cessens.—Trajet, 7 h. au moins.

Grotte de Bange.—Trajet, 7 heures.

Château de la Motte.—Trajet, 5 heures.

Chambéry. Les Charmettes. Cascades du Bout-du-Monde et de la Doria.—Trajet, 7 heures.

Abîmes de Myans. Fort de Montmélian. —Trajet, 6 heures.

Châteaux de Montmayeur et de Miolans. —Trajet, 7 heures.

St-Jean-de-Maurienne. — Trajet, 8 h.

Route de Chautagne. Brison. — Trajet, 2 heures 1/2.

La Grande-Chartreuse. — Trajet, deux jours.

Chamonix.—Trajet, trois jours.

Nota. Par trajet, nous entendons l'aller et le retour.

PROMENADES SUR LE LAC.

Château de Bourdeau. — Trajet, 2 h.
Hautecombe. — Trajet, 3 h.
Grotte de Raphaël. — Trajet, 3 h.
Château de Châtillon. — Trajet, 4 h.
Château du Bourget. — Trajet, 3 h.

CURIOSITÉS DE LA VILLE.

Galerie de captage et grottes thermales.
Château du marquis d'Aix.

ANTIQUITÉS ROMAINES.

Bain romain.
Arc de Campanus.
Temple de Diane.

SERVICES RELIGIEUX.

Outre les divers services religieux de l'Église catholique paroissiale, un service protestant a lieu chaque dimanche (chemin des Soupirs).

AIX-LES-BAINS.

—

HOTEL

DE L'EUROPE

Établissement de premier ordre,
le seul touchant à l'Établissement
thermal et à la Poste aux
lettres.

—

TABLE D'HOTE

et Service particulier et à la carte.

—

Omnibus à tous les trains.

AIX-LES-BAINS

Près de l'Établissement thermal,

HOTEL FRANÇAIS

ET

POUR LES BAINS

Teuus par Mme VERT.

Chambres et appartements avec jardin et cuisine

independants de l'hôtel.

—

ON SERT A LA CARTE OU A PRIX CONVENU.

—

Table d'hôte à 10 et à 5 heures. — On porte en ville.

AIX-LES-BAINS.

—

CAFÉ-RESTAURANT

DE

L'ANCIEN CERCLE

Tenu par FAVRE.

—

SERVICE à la CARTE.

—

Bosquets, tonnelles et jardin d'agrément pour promenades.

—

Entrée : place des Bains et rue de Chambéry.

AIX-LES-BAINS.

—

CHALET
DU DIABLE

Cet Établissement, situé sur le versant oriental de la belle colline de Tresserve, offre le plus beau point de vue des environs d'Aix.

Les nouveaux acquéreurs du Chalet-du-Diable viennent de le transformer complétement.

Aussi le luxe et le confort du service ne laisseront rien à désirer. Le service de table est entièrement neuf, ainsi qu'un bel ameublement complet. Des équipages de luxe seront à la disposition de MM. les étrangers. — CHAQUE SEMAINE,

Fêtes Champêtres et Fêtes Vénitiennes.

Prévenance et politesse.
PRIX TRÈS-MODÉRÉS.
Un excellent professeur de DANSE et de GYMNAS-TIQUE est attaché à ce nouvel Établissement.

AIX-LES-BAINS.

CH. RONZIÈRE

OBJETS D'ART

ARTICLES

DE FANTAISIE

ET

QUINCAILLERIE

Rue des Bains, maison du docteur Vidal.

MAISON CENTRALE

A CHAMBÉRY,

Rue des Portiques, nº 53.

RESTAURANT

HOTTOT

SUR LES BOULEVARDS

Près la Fontaine des Éléphants,

A CHAMBÉRY.

—

Service particulier et à la carte
à toute heure.

CAFÉ

DE

LA COLONNE

*Sur les Boulevards, près de la
Fontaine des Éléphants,*

A CHAMBÉRY.

—

On y trouve tous les rafraîchissements
désirables.